AF199150

Almut Weitze

vergangen, verblasst, vergessen

Gedichte 1998 – 2005

Bibliografische Information der Deutschen Nationalbibliothek: Die Deutsche Nationalbibliothek verzeichnet diese Publikation in der Deutschen Nationalbibliografie; detaillierte bibliografische Daten sind im Internet über http://dnb.dnb.de abrufbar.

Illustrationen: Umschlag – „Tempel"(Öl auf Leinwand) von Almut Weitze; S.9 – „World Trade Center" (Öl auf Leinwand) von Almut Weitze; S.79 – „Abendstimmung" (Acryl auf Leinwand) von Wolfgang Weitze; S.117 – „Mitternachtssonne" (Acryl auf Leinwand) von Wolfgang Weitze; S.133 – „Ernte" (Acryl auf Leinwand) von Wolfgang Weitze

Herstellung und Verlag:
BoD - Books on Demand, Norderstedt

ISBN: 978-3-7448-2065-3

Inhalt

Traum und Finsternis 79

Romantisches und Kitsch   117

Humoristisches   133

Medialer Schein und Lyrik nach 9/11

Ich habe dich stürzen sehen
Und in dem Stürzen habe ich dich gesehen
Doch das Stürzen sah ich nicht
Ich sah nur dich
Mein Sehen war in dir
Es sah nichts
Und war doch da
Ist da
Im Sturz
In dir
Stürzend sehend
Du Ich
Dich

Das Licht brennt schon viel zu lange
Schatten tanzen an der Wand
Vor deinen Augen
Grinsend brennen sie sich durch die Augenhöhlen in den
      Halbschlaf
Mischen sich in die träumende Gegenwart
Umtanzen Bilder, dämpfen Töne
Umwirbeln alles und verhüllen sich
Findest du sie?
Suchst du?
Überall greifbar
Nirgends faßbar
Dringen sie in dich, durch dich, aus dir
Grinsend, tanzend
Hungrig nach Träumen
Satt vom Leben
Auf ewiger Jagd nach beidem
Und beides stets verlierend
Wirbelnd im eigenen Lachen

Ein Feuerball verglüht am Horizont
Leere Hände
Eingeschlossen hinter Fenstern
Schau, anfassen verboten!
Ein Blick hinaus, hinein
Wo?
Stehst du davor, dahinter?
Sein wirst du nur dazwischen
Als Fenster
Offen, verschlossen
Beschlagen vom Hauch der Ewigkeit des Augenblicks
Im Glühen des Feuerballs

Ausgepustet

Am Tage fällt er in sich zusammen

In der Nacht ist er da

Wie eh und je

Wie ich ihn immer sah und nie gesehen habe

Weggeblasen ist das Bild, das mein Auge deckte

Hungrig ist der Blick des Tages

Entblößt und leer

Ausgeblasen von der Sicht der Nacht

Dem satten Bild

Es fällt in sich

Und bleibt doch

Bild

Schatten

Sie rudern mit mir
Sie rudern gegen mich
Sie fassen mich,
ziehen mich,
schieben mich,
halten mich
Ohne Augen, ohne Hände
Und doch sehen sie mich, fassen mich
Nur nachts, da bin ich sie

Fenster liegen im atmenden Arm der Dunkelheit
Beschlagen vom Hauch des Traumes
Still ruhen sie im Leben des Anderen
Ergriffen von der Leere
Schweben sie durch ihre Scheibe
Und blicken hinab in ihren Traum
Gewogen von der Hand der Nacht
Sehen sie und sehen nicht
Und sehen mehr, als jemals war
Und werden blind im ersten Sonnenstrahl

Kleine Schritte schwanden im großen
Und der große verlor seine Augen
Er ging nur noch
Er fiel nicht, nicht ins Gras, nicht in den Schnee
Er scheute den Boden
Und teilte die Luft
Die Luft scheute ihn
Der Boden gab ihn frei
Er fiel nicht, er schwebte nicht, er ging
Unsicher, worauf und worin, schwankte er
In sich selbst
Er fiel nicht, er schwebte nicht
Er strauchelte
Und ging weiter

Ein Wort, ein Hauch
Jagen die Erinnerung
Verloschen im Schatten der Zeit
Orientierungslos greifen sie in farblose Konturen
Alte Klangfetzen formen Musik
Kalt und fremd
Sie zieht vorbei, ohne etwas zu hinterlassen
Unfaßbar
Unhaltbar
Zeichnet sie falsche Gesichter in die Dämmerung
Spottend der verzweifelten Sehnsucht
Die jeder Hauch aufs Neue nährt
Ein Geist ohne Hülle, umhüllend
Fast sichtbar
Fast fühlbar
Fast hörbar von der eigenen Zunge
Nie ausgesprochen
Nie gedacht
Nie ergriffen
Selbst ergreifend

Hinab
Ins Dunkel
Verzehrende Leere
Überreste ausspuckend
Ungenießbar
Alles flieht
Nur Fliehendes bleibt
Im Dunkel sehend und seiend
Ohne zu existieren
Erstickender Atem im Nacken
Erstickende Glut
Erstickende Stille
Fließend in verrinnender Zeit
Haltlos gefesselt
Im ewigen Hinauf

Gesunken
Auf den Grund
Im Schlamm der Zeiten
Wühlend
Augen müde vom Suchen
Verlieren sich in den Tiefen undurchdringlichen Raumes
Leere legt sich in tobenden Sturm
Drückt auf die engen Weiten
Ewig tosender Gedankenflut

Bittere Lavaflut frißt an den Wänden des Seins
Beißend dringt Hitze in die Tiefen
Dunst macht jede Schicht zur selben
Jeden Gang unendlich in sich selbst kreisend
Wachsend ins Nichts
Dröhnend bist du der Klang deiner Stimme
Der dir vorauseilt
Und dich wieder einfängt
Um dich erneut zu fliehen
Getragen von der Glut des Unfaßbaren

Hart schlägt der Regen ans Bewußtsein
Fließt durch müde Adern
Dringt durch rauhe Haut
Schneidend fällt er auf die Welt
Er wäscht sie nicht
Er nährt sie nicht
Er teilt sie
Spiegelt sie in stechenden Tränen
Die sich sammeln im Scheinbild

Flimmern trifft ins Auge
Mit einem Schlag stirbt alles
Und gebiert im nächsten
Das Auge gefangen im Licht einer Welt
Unnahbar näher als jede Nähe
Schließen unmöglich
Ein Starren ins eigene Sein
Gespiegelt im Widerspiegeln des Widerspiegelns
Seiend im Augenblick

Der Gedanke findet keinen Schlaf
Er wälzt sich in seiner Müdigkeit
Zitternd beobachtet er seinen bebenden Schatten
Der schwärzer noch als alles Dunkle in die Nacht entflieht
Am Rande des Sehens verkriecht er sich
Seiend im eigenen Atem ahnt er das Tageslicht

Wenn du das Knacken in den Dielen hörst
Und fremde Gesichter vertraut erscheinen
Spürst du, wie sie dich jagen
Fühlst du ihr Raunen im Nacken
Wie sie dich zu fassen suchen
Angstvoll wendest du dich
Siehst sie in ihrem Verlöschen
Das nie nach dir verlangte

Nichts mehr. Nichts
Erhöhst den Schritt im rasenden Puls
Nichts siehst du
Nichts fühlst du
Nichts denkst du
Laufend verlischst du

Angstvoll greifst du
Ins Nichts

Leise, leise
Nur nicht verstummen
Sanft ruht der Sturm auf verborgenen Gräbern
Spielt mit gebeugtem Gras
Dicht wächst es und grün
Es schmiegt sich an die Form des Begehrens
Wiegt sich in luftigen Traum
Aus Erde gewachsen
Sie nie berührend
Nie gebrochen
Tanzt es in reifendem Meer
Wartend auf die nächste Flut

Finger spielen
         auf den Tasten der Bilder
Eine Sinfonie gieriger Blicke
Blinzelnd in die Flut dunkler Spiegel
Zurückgeworfen auf das eigene Spiel
Nie gewonnen, nicht verlierbar
Klingend in sich überlagernden Schichten
         wachsender Gedankenkristalle

In roter Wüste würfelst du um die Reste deiner Träume
Auf heiligem Stein zermahlst du Augäpfel
Das Starren bleibt und frißt sich durch flirrende Hitze in
blendendes Sonnenlicht
Dunkles Erinnern fällt durch Spiegel auf Treibsand
Haltlos rieselt es durch suchende Finger
Fällt hinab in eine Sanduhr ohne Boden
Feiner Staub legt sich auf alles, das sein wird
Und Luft erstickt das Leben

Nichts schneidet dich
　In der Mitte des Gedanken
　　Der Blick fängt Fliegen
　　　Im Netz des Nichts
　　Und erfindet sie neu
　Im Ungedachten

Politik

Schreiende Stille drängt durch die Straßen
Kauert in Hauseingängen
Sitzt in undurchsichtigen Fenstern
Schwindend sucht sich der Blick ins Dunkel
Verfängt sich in klagenden Gelüsten
Und explodiert in stillem Schrei

Zuckend krampft sich das Herz in deine Hand
Triefend vom Blut deiner Ahnen
Es schlägt die Zeit nach
Und träumt den Raum vor
Ein Alles liegt im Nichts
Und schlägt das Sein im Kampf gegen sich

Der Geist flieht
Fliehen vergibt
Vergeben wütet
Wut gebiert Liebe
Liebe frißt Hoffnung
Hoffnung zerreißt Traum
Träumend bleibst du zurück in der Flucht

Wellen fassen Stein
Heben ihn in feuchte Nebel
Schwebend trägt ihn das Auge
Zerbricht ihn Gedanke
Formt ihn Schatten neu
Steht fließender Stein in Stein
Und schlägt in kreisendem Wirbel ins Bewußtseinsmeer

Es triefen die Mundwinkel vor Wonne
Augen funkeln
Er streicht über seine Verachtung
Und wendet sich ab
In jedem Schritt ein Lachen
Faule Gedanken besamen das Getretene
Und keimen empor
Getränkt vom Speichel der Zufriedenheit
Sie wachsen ihrem Schöpfer nach
So nah, so nah
Und Haß tritt in die Schöpfungskraft

                Die Nacht fließt langsam
Z   ä   h   z   e
                                      r

                                      r

                              e
                      i

            ß

      t   der Tag in neue Bindung
      Hungrig greift Stein nach Wandel
      Ergießt sich in gebrochene Brücken
            Hinab stößt Ich
      Schwimmt einen Wirbel in die Fluten
      Und Unendlichkeit trifft sich in einem

                Punkt

Im Dunkel
Und siehst immer noch
Natur schläft
Als wärst du nicht ein Teil von ihr
Gejagt von den Sternen über dir
Schaust du in schlaflosen Traum
Gedanken ringen schwer nach Atem
Und lösen sich in letztem Wimpernschlag

Gefrorene Angst
Sprengt sehenden Haß
Nicht Freund, nicht Feind
Verachtender Beobachter
Den Sprengsatz im Blick
Doch seine Worte nicht findend

Traum ist Wahrheit, Wahrheit ist Nichts
Nichts ist Alles in der Erscheinung des Regenbogens
Gespannt zwischen den Elementen in flüchtiger Zeit
Sichtbar nur in Farben
Verschwindend im Grau des Auges

Begraben kriechst du über Gedankenstacheln
Dornig dringen sie ins Körperjetzt
Tote Träume saugen quellendes Blut voller Erdwarzen
Unentwöhnbar gierig stürzen Geistesmassen in Erlebtes
Bilder eines Bildes in zerschlagenen Scherben
Geschnitten haßt du dich an dir selbst im Dort
Und bist doch niemals hier

Worte kleben am Gedanken und zerreißen ihn
Erinnerung streift Zukunft und beugt sie im

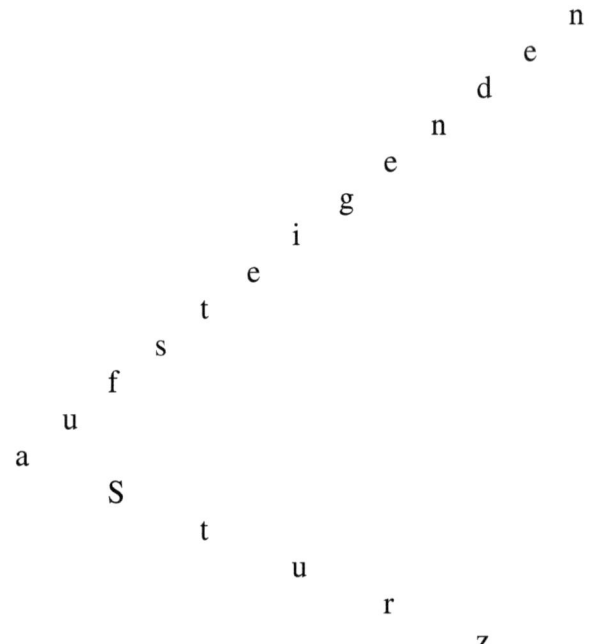

Nur wiegendes Atmen verschließt den Traum in sich
Unverändert wächst das Mosaik der anderen Welt
Kaum ahnst du den Ausgang der vielen Eingänge
Stets betrittst du dich selbst in vertraut fremden
Gesichtern
Angezogen schreckst du zurück vor sich zeichnendem
Wort

Im Sonnenmoment kreiert sich Kreation
Und reflektiert sich an sich im sinkenden Schein des Lichts
Im geworfenen Schatten stirbt sie ewigen Tod
In steter Unhaltbarkeit

Aus triefenden Poren preßt kriechende Sprache
Gebrochen von kleinstem Gedanken
Der Mund fault in der Bewegung
Giftige Gase umhüllen das Wort
Gesprochen, erbrochen, verkrochen hat es sich
Im erlebenden Moment
Wächst Ungeformtes zu schönster Form
Und zerfällt in Splitter des Widerscheins
Geronnen zu Gefälltem und Gefallenem

Das Wortspiel gerinnt zu plumpem Fluch
Ausgespien auf das Haupt der Selbstgenügsamkeit
Heiser geschrien am Drang nach mehr
Krächzend seiner Eitelkeit
Mit verlorener Stimme spielend

Graue Schleier schnüren die Augäpfel
Verdeckt zerreißt der Strom roten Blutes
Und pumpt seine Fetzen ins Äußerste dunkler Sehnsucht
Dort schwellen sie bis zum Ausbruch heißglühenden
       Schmerzgesteins
Alles verzehrend, sich selbst verzehrend
Und sterbend nähren die Splitter neue Pein
Und graben sich fort zum geborstenen Quell
Leidenschaft und Unerfüllbarkeit paaren sich am Rande
Vernichtend treibt ein zweiter Quell den roten Strom
Durch raumlosen Raum und zeitlose Zeit
Untrennbar mischen sich ihre Bahnen
Zu einem Strudel blendenden Lichts aus schwarzem
      Chaos
Geschundene Felsen bröckeln
In den Tanz der Leichtigkeit ewig sich fortteilenden
      Seins
Stechende Feuersglut erdrückt den Atem
Und hält Explosion in Explosion

Der Schmerz ist weg
Die Hand ruht schlaff
Geist bewegt sie nicht
Genommen hat er sie
Und genommen den Schmerz
Leere setzt er an sich
Gefüllt mit beschriebenen Zetteln, die einst waren
Unlesbar
Verschwindend im Lecken der inneren Zunge

Tropfen prallen zurück von der Folie der Verachtung
Keine Erfrischung benetzt dürstendes Sein vom Sein
Im Aufschrei lebst du
Im Schweigen verdorrt der Gedanke im ruhenden Schoß
Das Unantastbare hast du gefaßt
Und Greifbares rinnt durch die Finger
Tötet den Dieb, der das Kartenhaus einriß
Der Riß ist im Spiel
Geflickt mit Verblendung
So laßt ihn laufen, den Spielverderber
Im Lauf ist bewegte Grenze
Haltlos, nie erreicht entrückt sie dem Spielerhaß
Laßt ihn laufen, den Verräter
Soll er leben, doch verstoßen aus dem Traum
Holt er sich selbst zurück, zerreißt seine Karte
Begraben liegt er sich nah
Gebrochen in tausend Leben hält er den Tod in seiner Hand

Deutsche Dichtkunst im Jahre 2002

Zu hoch gegriffen, sagten sie
Und ließen mich fallen
Hier knie ich in den Scherben ihrer Verachtung
Und roter Quell will nicht versiegen
Welch stumpfer Schnitt trennt mich doch von den Sternen
Von denen ich selbst einer war
Gebrochen entschwinden sie dem Licht
Glut entrinnt in dürstenden Hohn
Dem Rot war ich so nahe, das mich jetzt verläßt
In letztem Kuß in meinen Atem sich ergießt
Sein Strahlen brennt die blinde Eifersucht
Doch ungesehen verrinnt, was nicht gekostet
Rote Sterne schauen im letzten Augenschlag
Welch Starre sie zum Schließen zwingt

Süßer Abendwind haucht Wehmut in wiegende Zweige
Sachte schnürt schwarzblaues Band und pulsiert in die

Ferne

Gesänge der Nacht locken in dunkle Tiefe
Glut teilt sich und ergießt sich in einsame Wege
Jeden Schritt liebkosend trägt sie näher und näher in

atmende Weite

Verschlingt ganz die letzten Abdrücke der Schwere
Und wächst in grenzenloses Sein
Schwebend zieht sie hinab in erfüllende Sehnsucht
Verschmilzt inneres und äußeres Begehren
Zu sich verzehrendem Verlangen nach sich

selbst

Zitternd gleitet der Finger über das Bild der Nacht
Ob es auch da
Tastet Fülle ins schwarze Nichts
Und greift begierig nach dem Ungewissen
Hastig wendet er sich allem ab
Zu flüchten in gefühlte Form
Zu wachsen in Unvorstellbares

Nachtwind stößt das Fenster auf

Mit jedem Hauch singt er mit seiner Stimme

Nah hört ihn der Atem

Der ihn nicht halten kann

Erstickt dem Nachklang lauscht

Der von all dem nichts ahnend an andere Scheiben klopft

Wozu in Worte fassen, was ohne Fassung ist
Hörst du, was ich dir sagen will
Hast du es gehört
Ich hab es laut und deutlich gesagt
Zu dir
Dem Unfaßbaren

Brennend hast du mich ergriffen
Brennend nur begreif ich dich
Brennend vergleichst du dich der Sonne
Brennend entsteigst du dir selbst
Entbrannt

Klaffend tränke ich die Schuld
Gestemmt auf unnachgiebigen Boden sinke ich
Verwundete Müdigkeit
Schlaflos wartend auf erwiderten Traum
Erde senkt sich auf den Himmel
Begräbt Atem, der die Brust von Welten weitet
Atemlos fällst du in den Staub deiner Sehnsucht

M e i d e n d *streifst* **du** mich
Verhüllter A r g w o h n **fängt** den freien *Blick*
Beißendes L ä c h e l n **frißt** sich in stumpfen *Glanz*
Greift den **Schatten** vor, d e r tote Zeit *verdeckt*
Der *Falter* **klebt** i m N e t z der Finsternis
G e l ä h m t e **Farbenpracht** *erblindet*
Verachtung **erfaßt** graues L i c h t
U n d *scheint* sich **dunkel** zu erinnern

Versperrter Blick schaut in s c h l a f l o s *kriechende*

Nächte

S u c h e n d, *tastend* in die **Schwärze** der Zufriedenheit

Satt gesehen *verliert* er seine G i t t e r und fällt

Der **Rahmen** b r i c h t, Bild *ergießt* sich in Form

Un g e h a l t e n, *atmend*

Nacht wird zu Traum und T r a u m zu *Luft*

Wenn der Spiegel dich anschaut
Und die Fratze deinen Namen lauter schreit, als du hören
      kannst
Und du dich abwendest, um deinen Schatten zu fliehen
Und ihn mit Dunkelheit tötest
Hörst du die Angst atmen, flüchtig, doch stets da
Blind schlägst du dich in ihr
Greifst nach verlorenem Bild, nachgestellt in Vorstellung
Täuschung flimmert in der Schwärze des Unantastbaren
Berührung leert den Blick

Wald
verdeckt jedes Blatt
Satz schiebt sich vor jedes Wort
S t e i n t ü r m t s i c h z u r M a u e r
B e g r ä b t U n d u r c h d r i n g l i c h e s
Spucke   frißt   am   Aas   des   Mörtels
R i s s e   b e f r e i e n   s i c h
Verdeckt bleibt Sichtbares
Ungefühlt umschlungen von heißen Küssen
Vorgeahnt im Käfig zerrissener Unaussprechlichkeit

Alle Gedanken trägt das Grab

Nur Träume sind ihm zu schwer

Sie sinken zurück in die Luft

Zu dicht zum Atmen

Zu fern zum Fassen

Gierig greift Erde nur nach geronnener Glut

Leerer Traum gähnt
Und schläft
Schwarz frißt er die Nacht
Spuckt letzte Farbhüllen ins Dunkel
Im Fall breitet er sich in den Fall
Und fällt ihn ungefallen

Regen trommelt auf müde Gedanken
Ein kühler Hauch streicht über die Wände der Blöße
Regungslos lauschst du in tropfende Stille
Nächtlicher Tag hat keine Falten
Nässe wickelt sich ums Jetzt
Und trägt es fort in sich

Du siehst an dir herunter

Du siehst auf

Und siehst weg

Heiße Adern pulsieren ins Nichts

Kalte Schatten streichen über den Rücken

Bewegung gefriert

Abwendung flieht

Bild bleibt, verblaßt

Der Weg ist dunkel
Noch dunkler das Zurück
Verglühte Sterne leuchten müdem Schritt
Das Wo bleibt gleich
Noch gleicher das Wohin
Im unerreichten Dazwischen verzehrt sich Sinn
Bald bebend, bald schlaff zieht sich der Kreis
Ewigkeit ruht leer
Tropfende Flamme erlischt im Augenblick

Schwärze umschlingt undurchdringliche Nacht
Endlos lang der Weg
Schatten rollen über kalten Asphalt
Verblassend in der Flucht vor dem Licht
Immer wieder neu geworfen brechen sie aus ihrer Form
Verzerrte Angst tanzt auf den Straßen dunklen Tages
Erinnerung diktiert den Takt
Und Furcht, daß keine Flucht mehr nötig

Dunkler Kuß verschließt ewigen Klang
Im Tropfen mischt sich Traum und Erinnerung
Zeit baut scharfes Gitter aus geformtem Stein
Licht bricht sich tausendfach im Tausend
Ein Schattenmosaik folgt jedem Schritt
Schritt folgt seinem Klang und hallt in ihm wider

Als ich ein Kind war
Nicht wußte, wo aus noch ein
Kehrte ich mein erwartungsvolles Auge auf einen Traum
Und der Traum wuchs
Wuchs schneller, als ich es tat
Meine Augen sahen
Da war es unmöglich, aufzuwachen
Ich schlief, als der Schlaf von mir wich

Als ich ein Kind war
Hatte ich einen Traum
Er gewann an Gestalt, die ich verlor
Gejagt wurde ich zum Jäger eines Bildes
Doch das Bild verschwand im Blick
Meine Augen sahen
Da war es unmöglich, zu schlafen
Ich wachte, als mich der Schlaf zudeckte

Als ich ein Kind war
Träumte ich, ich hätte einen Traum
Der Traum verriet den Träumer
Doch der Träumer träumte
Und ich wuchs im Verschwinden
Meine Augen träumten
Da war es unmöglich, zu sehen
Ich träumte, als der Schlaf mir keinen Traum mehr
schickte

Der Wind weht
Blätter fallen
Mein Blick sehnt sich nach Ferne
Einsam leuchtet das Grau

Musik dringt an mein Ohr
Ruft mich zurück in einen Traum
Hauche den Kuß in den Wind
Und drehe mich lächelnd gegen ihn

Grauer Himmel in den Schluchten der Unabwendbarkeit
Ein Grashalm im Asphalt vibriert im Klang des
    schwarzen Saxophons
Luft färbt sich bluesig, zieht an halbgeöffneten Fenstern
    vorbei
In die Hitze des Augenblicks
Lachen ballt sich in Taschen ohne Halt
Fest umschließt der Wille die Pflanzen des Abgrunds
Wurzeln schlagen sinnlos, ab- auch
Grau hängt in der Luft
Krampfhaft verläßt die Furcht sich selbst
Der Nachteil ist schneller als das Vorurteil
Pissoirs sammeln letzte Andenken
Ausgelaufene Campbell-Dosen stapeln sich in
    schlafenden Köpfen
Zerrissene Morgendämmerung im Laub flüsternder
    Eichen

Da ist ein Heim in meiner Seele, das mir
keinen Einlaß gewährt
Da ist ein Gedanke in meinem Traum, der
mir den Wunsch verwehrt
Da ist eine Kälte in meinem Schlaf, die
mich nicht wachen läßt
Da ist ein Funkeln in deinem Auge, das
Zweifel sprüht

Über
Übermensch
Menschenaffe
Affenliebe
Liebesschmerz
Schmerzensreiche
Reichsuntergang
Untergangsstimmung
Stimmungsverlust
Verlustgeschäft
Geschäftsmann
Manneskraft
Kraftlos
Losgelöstheit
Gelöstheitswahn
Wahnsinn
Sinneswandel
Wandelkunst
Kunsthaß
Haßliebe
Liebesnacht
Nachtgebet
Gebetbücher
Bücherwurm
Wurmloch
Lochkunst
Kunstliebe
Liebeskummer
Kummerkunst

News

Grau zieht sich der Vorhang über eisige Ahnung
Fernseher spuckt Wortschwälle über grausige Bilder
Gesehen oder nicht gesehen
Vergessen im Augenblick
Umschalten in den Verlust des Gedankengefängnisses
Vergittert im Rot-Blau-Weiß des Morgens

Ich schlafe schlecht
An den Wänden Erinnerung – so anders
Rauschende Bilder
Es bleibt nichts Bleibendes
Hunger starrt aus dem Fenster nach einem Stück
      Ewigkeit
Und ist doch nur sich selbst ewig

Er

Leise tritt er an dein Bett
Stumm
Er beobachtet dich
Gleitet an der Decke hinauf
Du fühlst ihn durch die Lider
In den Gedanken
Liest er?
Zaghaft geht er auf und ab
Du siehst ihn durch die dünne Wand
Wagst nicht, sein Spiegelbild zu zeigen
Es ist leicht, in der Dunkelheit zu schweigen
Das Nichts ist so laut
Wachst du noch?
Schritte verhallen in der Leere

Wenn du nachts wach liegst und dir Magensäure im
Mund brennt
Und du nichts sagen kannst, weil du nur Feuer spuckst,
Und dich tausend Variationen quälen, weil du wieder
alles falsch gemacht hast,
Und du dich haßt, weil du steuerlos verlorenen Gedanken
hinterherjagst,
Dann träumst du, daß du schlaflos suchst,
Suchst nach der verpaßten Chance,
Suchst nach der versteckten Chance
Nach dem Schlaf mit Träumen

Nebel steigt auf über den blaugrauen Wiesen am
  Flußufer.
Knochige Arme ragen heraus, greifen nach den ersten
  Sonnenstrahlen, um sie im Dunkel der
  rauschenden Kälte zu ertränken.
Die Vögel bleiben heute stumm.
Die Straße ist unerreichbar für Augen und Ohren.
Der Boden federt leicht zurück und der Geruch von
  feuchtem Gras liegt in der Nebelwand.
Wozu sehen wollen, worauf man läuft, wo entlang man
  läuft?
Läuft es sich dadurch besser?
Das Wasser rauscht und schweigt und trägt den Klang
  der Schritte in sich, die den Gedanken folgen.
In tausendfachem Echo graben sie sich in die
  Uferböschung.
Warten auf ruhiges Wasser.
Warten auf Sturm.
Doch das Wasser rauscht und fließt im Nebel.
Durstig gräbt es sich in die Erinnerungsfetzen eines
  hilflosen Ganges.
Rien ne vas plus.

Es ist nichts.

Schlaf weiter

Ich beobachte nur, wie die Nacht über deine Lider
       streicht

Ich habe Angst, Angst zu schlafen

Angst, daß die Nacht nicht vorübergeht

Sie hineinkriecht in meine Gedanken

Schlaf, schlaf weiter

Ich lausche nur deinem Atem, der die Dunkelheit küßt

Ich habe Angst zu schlafen

Angst davor, daß die Stille noch stiller wird

Ihren Rhythmus verliert

Schlaf ruhig, schlaf weiter

Ich atme nur den Duft der Wärme, die unserem Bett
       entsteigt

Ich habe Angst zu schlafen

Angst, ein fremder Geruch könne meine Nase mehr
       umschmeicheln

Schlaf fest, schlaf weiter

Ich fühle nur das sanfte Heben und Senken der Decke
       neben mir

Ich habe Angst zu schlafen

Angst, daß es die Leere ist, die sich da hebt und senkt

Schlaf nur weiter

Es ist nichts

Da bin nur ich

Geh, ich kann dich nicht mehr ertragen
Ich kann mich nicht mehr ertragen
Unsere Nettigkeiten töten uns
Gleichgültigkeit gräbt schon unser Grab

Was hast du gesagt
Ich beobachte dich nur noch aus Langeweile
Wir sind Schauspieler in einem B-Movie
Wir schauen uns selbst beim Spielen zu

Deine Augen strahlen, zu sehr
Dein Schritt ist unsicher, gehüllt in fremden Geruch
Du erzählst viel, mehr als sonst
Und du schaust mich nicht an

Ich weiß, daß du mich anlügst
Ich möchte deinen Lügen glauben
Noch mehr wünschte ich, sie würden mich wütend machen
Ich zerschlage keine Töpfe

Nachts liegen wir nebeneinander
Jeder in einem anderen Traum
Eine kalte Berührung, ein Kuß
Würmer der Lüge ergötzen sich an unserem Atem

Warum gehst du nicht
Warum werfe ich dich nicht hinaus
Du lächelst mich an
Ich lächele zurück in einen verlorenen Traum

zu spät
gib deine träume auf
vorbei

die klingen sind zu scharf
stumpfen deine gedanken ab
schneidend treffen sie vergangenheit
und stechen doch in blutendes fleisch
in verdampfenden tropfen weint es um das, was nie war

vorbei
das rot verrinnt
ohne grund

Der Tod ist jung
Ein Träumer
Der so tief träumt

Daß er sich im Traum verliert

Gefesselt an sich selbst
Starr liegt er
Die Zeit zieht an ihm vorbei
Er kann sich nicht bewegen
Kann die Augen nicht öffnen
Doch er hört
Hört das Leben
Der Mund bleibt geschlossen
So sehr er sich auch bemüht, ihn zum Schrei zu formen
Er hört
Doch seine Stimme klingt nur im Kopf
Füllt ihn ganz aus
Gedanken nur für ihn hörbar
Verloren in der Fesselung
In lähmender Umarmung
Ewig im ewigen Nichts
In der Dauer des Unausgesprochenen

Der Tod ist jung
Er altert nicht
Er ist und ist doch nicht
Er ist nur für sich

Traum und Finsternis

Entscheidung

Straßenpflaster, regengrau
Scheeler Blick
Mißtrauische Schulter
Zwei Takte hinter dir dein Schatten

Wann war er da
Du ahnst ihn, spürst ihn
Gleicher Schritt, gleicher Klang

Und immer näher
Dröhnen im Ohr
Schwarz türmt es sich hinter dir, über dir auf

Doch vorne die Kreuzung
Drehen in der Hüfte
Lächelnde Augen treffen
Und nehmen den anderen Weg

Warst du nicht Herr der schönen Künste
Von Musen liebkost, von Licht umspielt
Wie wurdest du verehrt

Bis man die Schönheit überwand
Das Häßliche zum Ideal erhob
Sitzt nun auf bröckelnden Ruinen

Und Ungeziefer kriecht und windet sich darüber hin
Ein letzter Blick noch, letzter Kuß der Welt
Die Ratten kotzen schon auf die Tempelstufen

Himmelblaue Variationen

Himmelblau
Drauf – eine Wolke
Schmutziggrau
Zerfranst an den Rändern
Wuchtig, massiv
Leicht abstürzend

Himmelblau
Drüber – die Schwärze
Weitenleer
Unförmig an den Rändern
Erdrückend, schwer
Zermalmend

Himmelblau
Durch – ein Riß
Blitzgrell
Aalglatt an den Rändern
Spitz, scharf
Treffend

Himmelblau
Drin – ein Vogel
Buntschillernd
Sanftgerundet an den Rändern
Singend, federleicht
Sonnezustrebend

alter ego

83

Auslandsaufenthalt

Wildfeurige Augenspiegel
Himmelgewölbtes Flammenmeer
Nachtgeschützte Herzsuche
Fernnaher Wirklang
Grellklarer Tagesschmerz
Tränenschwarzes Sonnenrot
Herzzerdrückte Sehnsuchtsglut
Niedergesenster Hoffnungsdrang
Sargschwere Traumscherben

Tausend Schatten
In der Dämmerung
Eintauchen in die Unklarheit
Formlos
Gedankenlos
Sinneswachsend
Angstvoll
Und begierig
Auf der Suche nach Nähe
Triefender Speichel
Hecheln
Beschnüffeln
Im Körperrausch
Der Schwärze hingebend
Saugend am Herzschlag der Nacht
Urschrei dringt aus der Dunkelheit

Realität

Weltenglanz
Herzflüge
Umarmungsdrang
Augensuche

Schein

Schatznah
Umherschauend
Chancenwitternd
Hetzjagd
Ernüchterung

Schwere Wolken
Gewitterträchtig
Himmelsriß am Horizont
Pulsierende Donnerballung
Rote Glut des Sehnsuchtsfeuers

Nichts wollte ich denken
Nur liegen
Atmen
Leere Wolken in stehende Luft hauchen
Das kalte, fahle Licht betrachten
Das aus dem Dunkel starrt
Doch ist da etwas
Das durch die Gänge meines Hirns schleicht
Sich in ihnen festsetzt
Sie ausfüllt
Sie langsam zu zersprengen droht
Das Blut pulsieren läßt
In den Adern Feuer legt
Brennend liege ich in der Dunkelheit
Flammend verglühe ich
Nur ein Gedanke
Ein Gefühl

Abendspaziergang

Hellglänzende Straße
Silbern schimmernde Bäche rinnen
Tausend Tropfen auf dem Regenkleid
Schmiegen sich sanft an grauen Stein
Jeder Fall ein feuchter Kuß
Doch dann erzittert, wankt der Glanz
Bilder verzerren sich
Hupendes Licht
Bordsteinnah
Verhaßte Nässe

Nacht webt sich zart um alle Sinne
Ein Netz aus Träumen
Fanggefährlich
Gedanken schweben sanft hernieder
Haften am süßen Saft des Fadens
Einer nur kann das Netz durchdringen
Beugt sich zum Sonnenkuß herab

Wende dich ab, Helios
    Deine Flammen lecken an Einsamkeit
      Ergötzen sich an Schmerz
        Verbrennen den Rest eines Herzens
       Sie lodern hoch
       Doch ist es ein schwarzes Feuer
    Verschlingend
   Erstickend deine Schönheit
Zurückbleibt leerer Rauch

An den Schlaf

Du fliehst?
Stößt mich zurück in die Finsternis?
Traumlos?
Ohne Hoffnung auf hellere Welten?
Zusammengekrümmt im Dunkel meines Herzens?
Meine Augen in Schwärze gebunden?
Meine Gedanken mit Nacht gefüllt?
Und du fliehst?

Was gaffst du
Grinsender Hohn
Glaubst, du könntest mich durchschauen

Alter in Augenringen lesen
Sehnsuchtsleiden am Herzschlag hören
Gedanken durch bleiche Knochenwände fühlen

Nichts siehst du

Spiegelst dich in deiner eigenen Leere
Zurückgeworfen vom Kälteglanz deines Totengesichts
Geblendet vom lachenden Weiß deines Höllenschlunds

Nächtliches Band schnürt die Brust
Schärft die Sinne
Verlangen lauscht der Dunkelheit

Dem Liebesgeflüster küssender Blätter
Vom Winde vereint
Von sanft anschmiegendem Mondenschein

Oh scheine auch mir
Nimm mich in deinen milden Arm
Und wiege mich in den Traum eines Traums

Umschließe mich, lodernder Feuersturm

Ergieße dich um mich, holdes Flammenmeer

Verschlinge, verbrenne mit heißer Glut

Und lasse Phoinix gleich mit neuer Kraft

Durch Feuerkuß, glühende Leidenschaft

Zu leuchtenden Welten mich erheben

Nacht

Das Fenster weit
Der Himmel sternenreif
Kein Laut, kein Hauch
Die Luft voll Schlaf

Doch steigt etwas vom Boden auf
Teilt sich
Windet sich um stille Wipfel
Liebkost sich reckende Jungblätter

Riecht am Schlaf der Blüte
Bewacht den Vogeltraum
Begleitet der Katze nächtliche Suche
Atmet Sehnsucht und Leidenschaft
Strebt aus dem Dunkel liebestrunken
Entflammt, entbrannt
Nach neuem Kuß verlangend
Den Himmelssonnen zu

Hier sitze ich, wartend
Sehnend nach des Himmels Toben
Nach Wind, der Verzweiflung mit sich reißt
Nach Fluten, die Trauer verschlingen
Nach Blitzen, die Zorn brennen
Nach Dunkelheit, die blendet
Nach der Ruhe des Sturms

Bist du wieder da
Gedankenloch
Saugst leere Wolken, Schlaf
Frißt farblose Bilder in dich rein
Umhüllst dich mit vielsagendem Schweigen

Gier?
Spott?
Verrat?
Zahn steckt in Zunge.

Aufsteigend

Zur nächtlichen Flucht entschlossen
Haltlos
Mühelos sich selbst reflektierende Flächen überwindend
Nicht kämpfend, siegend
Doch sterbend mit jedem Atemzug

Die Grille

Was

    schreist

        du

           so

               laut

                    unter meinem Fenster

Klagst dem Mond deinen Liebeskummer
Machst ein Getöse, als könntest du den Himmelsstein erweichen
Läßt deine Sehnsucht tausendfach in meinem Herzen widerhallen

                    unter meinem Fenster

           nicht

        gar

      Ende

   am

Bist

Traum

Einsamer Nächte liebster Freund

Verwehre deine Gesellschaft nicht

Fülle dunkle Gedanken mit Farben

Bedecke wunde Narben mit vergessenden Phantasien

Umschlinge mich mit heilendem Kuß

Schwere

Jeder Luftzug bringt neues Wanken

Doch Blut fließt langsam

Alles Körper

Ge

    dan

        ken

           fal

            len

              Sonne

          zur

        wächst

      Fleisch

Mit geschlossenen Augen

Kreatives Loch

Warum hast du mich verlassen?
Kein Glanz träumender Augen
Kein Leidenschaft atmendes Herz

        Deine Strahlen erreichen mich nicht
        Deine Harfenklänge meiden mein Ohr
        Die Musen umspielen einen anderen Ort

Graue Wolken bedecken die Iris
Nacht senkt sich in blutleere Herzkammern
Stille erdrückt letzte Gedankenflamme

Sehnsucht

Nahe Ferne
Ferne Nähe
Kalt brennende Sonne
Schwarze Strahlen
Speergleich
Herzflucht in die Nacht
Ins sanfte Licht der Finsternis
Ins Nichts
Und doch in Alles

Der Nachtgedanke

Nichts hast du mir zu sagen
Windest dich mühsam,
Um der Konfrontation zu entgehen
Verkriechst dich in die Schattenseite der Seele,
Um dich vor der Klarheit in Sicherheit zu bringen

Hast Angst vor dem Licht,
Das deine formlose Gestalt zeigen könnte
Eine leere Hülle
Bloßer Schein,
Der vor sich selbst flieht

Ilmpark

Sommerlicher Hauch der Erinnerung
Leuchtender Kiesweg ins grüne Herz der Poesie
Begleitet vom sanften Rausch des Wassers
Zwischen sich hebenden Blättern hellstes Weiß
Strahlender Mittelpunkt des Geistes
Blendender Glanz

Doch weltgenießend
Weltverehrend
Weltumfassend

Davor eine kleine Brücke
Stöhnend unter der Last von zwei Jahrhunderten
Läßt täglich tausende Füße passieren
Sehnsüchtig wartend auf den einen, leichten
Der nie wieder kommt

So beugt sie sich über geliebtes Gewässer
Betrachtet ihr Spiegelbild
Mit dahin fließendem Genuß
Träumend schmiegen sich die Balken ans andere Ufer
Hin zur Vergangenheit

Ich sehe dich

        Höre dich

Atme dich

        Ich weiß, du bist da

Und ich bin in dir

        Doch ich fühle dich nicht

Nur luftleeren Raum

        Hülle

Nichts, das sagt, ich bin

Große Gedanken schon gedacht
Reste prallen gegen dunkle Geisteswände
Starrende Augen auf dem Bett
Müdigkeit hängt grau an der Decke
Reißt gähnend Augen und Schwärze mit

In die Welt des Gedankenabfalls
Finsternis wird zu erschreckendem Licht
Formbedrohlich
Gedankenkörper kriechen
Umschlingen
Verschlingen
Speien Leere
Und starrende Augen

Der Mond scheint ruhig durch Blätter
Die sich im Abendwind wiegen
Träumend, leise singend zur Grillenmelodie
Ich lausche
Auch ich will singen, schreien, flüstern
Doch meine Stimme ist zu laut für dieses Land
So schweige ich und lausche
Atem und Schritt im Takt der Mitternachtsmusik

Der Kopf

Irr rollen die Augen
Feuer speit das triefende Maul
Haare und Haut versengt
Doch spuckt er
Spuckt Wut, Verzweiflung
Hirn ins leblose Nichts
Feuer züngelt an Fleisch
Schmerzstrahlende Sehnsucht flammt zum Himmel
In leere Sternennacht
Ein Flammenkampf gegen vernichtende Schwärze
In sonnenliebender Qual

Schluchtumwunden steht der Fels
Drunten kauert der, der einst gewann

Der Abgrund fällt ins eigene Nichts

Er dreht sich um seine Achse
Schwindelerregende Spitze
Grau ist deine Haut
Dein weißes Haupt schaut auf das sanfte Grün am Hang
Doch jeden Frühling beugt es erdrückend sich herab
Und Kauerndes erliegt

Da ist ein Loch im Boden
Direkt vor dir
Es ist nicht groß
Doch schwarz genug
Dein Auge könnte abstürzen

Wen hast du gesehen?
Fleisch?
Angst?
Mich?
Hast du gesehen?

Herzen schlagen im Rhythmus marschierender Füße
Schatten laufen vor ihnen her
Dunkelheit tötet sie in letzter Umarmung
Und sie sehen, als sähen sie das erste Mal
Schüsse zerreißen die Stille
Und verebben sofort in der Stille
In leerer Stille
Und sie hören, als hörten sie zum ersten Mal
Sie lauschen ihrer Angst
Und sie fühlen –

sich nicht mehr

Romantisches und Kitsch

Erwachte nachts bei Mondenschein.
Das Licht fiel hell zum Fenster rein.
Für einen Augenblick schien's fahl,
Wandelte sich dann in goldnen Strahl
Und schwebend in der Luft es hing,
Bis sich's in deinem Haar verfing.
Ich lag ganz ruhig und wachsam da,
Tief atmend alles, was ich sah.
Betrachtete dich Stund' um Stund',
Den Traum allein verriet der Mund.

Liebend' Feuer ist sehr hell
Und helle Feuer lodern schnell
Und lodern hoch, dem Erdball fern
Gebär'n sich einen neuen Stern

Und atmen tief, doch rasch verbrannt
Ist Leidenschaft und Liebesband
So wird denn aus dem Feuertanz
Ein leuchtender Kometenglanz

So laß auch brennen deinen Kuß
Himmelwärts strebend im höchsten Genuß
Und deiner Lenden Glut mich spüren
Im Flammenmeer mich zu verlieren

Durch Liebesnektar zu erglühen
Für eine Nacht voll zu erblühen
Für eine Nacht die Sonne sehen
Im letzten Funken untergehen

Vollkommene Landschaft

Bin neulich durch ein Feld gegangen
Ließ mich von Stoppelgold umfangen
Zwei Hügel sah ich sanft sich heben
Bedeckt von roten, saft'gen Reben
Ein holdes Naß, das glänzte drin
Das Rot zu netzen floß es hin
Das hat mich magisch angezogen
Hab lang am süßen Wein gesogen
In seinem Saft tief eingetaucht
Mit Feuersgluten eingehaucht
Stieg ich den Bergkamm trunken rauf
Verlangsamte den raschen Lauf
Als ich zwei Seen vor mir sah
Tiefblau und leuchtend und so nah
Ich blickte in beide suchend rein
Nach Wahrheit oder bloßem Schein
Und fand sogleich mich drinnen wieder
Und sank still lächelnd, glücklich nieder
Ich sah zurück weit übers Land
Geschaffen wie von Götterhand
Verlor mein Herz, wo's ewig blieb
In vollkommener Landschaft, ach, und Lieb'

Sternenglühen

Wenn die Nacht das Mondlicht in den Wipfeln spinnt
Und du voll Ehrfurcht blickst hinauf im Dunkeln
Und über dir die hellen Sterne sind,
Bemerkst du auch das götterhafte Funkeln,

Das wirkliche, das strahlend dich umgibt?
Zwar ist's nicht hell wie Sternensonnen,
Doch überkommen tausend Wonnen
Den, der sich lebend'ges Feuer liebt.

Verlangen ist's, das dieses Feuer treibt
Und es voll Sehnsucht auf zu Höh'rem zwingt.
Wenn dennoch wahrhafte Vollendung nicht gelingt,
Unbänd'ger Drang dir schier die Brust aufreibt

Und du es weißt und trotzdem weiterringst,
Um deines Herzens Dunkel zu entfliehen
Und täglich du in neue Welten dringst,
Wie herrlich scheint dann Sternenglühen!

Augen, tausende, nachtgefesselt bin ich
Nagele Steine in die
Gänge meines Hirns
Suche, stöhne, schreie
Traumverloren

Nächtliche Sehnsucht

Nacht, schlaflose, traumverlangende, fahler Mondenschein.
Herz und Gedanken stoßen gegen Wände, gegen Stein.
Der Raum gesenkt, bedrängt, engt, zwängt mich ein
Und bin ich erst draußen, ist mir jede Welt zu klein.

Herzgroße Sehnsucht kann selbst das All nicht fassen.
In meinem Innern tobt es, stürmt, tost, wütet, bricht
Sich Schmerz am Fels wie schäumende Wassermassen.
Ich ertrinke, zerschelle ohne dich, mein Himmelslicht,

Wenn in der trüben Nacht die Leere in mich dringt.
Oh laß mich nicht so der quälenden Einsamkeit,
Dem schwarzen Schmerzensschlund, der mich verschlingt!
Nichts tötet schneller als die Sehnsucht in der Dunkelheit.

Spät abends ging ich den Fluß entlang
Er flüsterte leise und küßte ganz zart
Den rotglühenden Sonnenuntergang
Doch fest umschlungen, ineinander gepaart

Entglitten sie meiner Sehnsucht Verlangen
Ich sank ins Gras, vom Kuß noch warm
Nun in der Einsamkeit gefangen
Hält mich die finstre Nacht im Arm

Verloren seh' ich auf, seh' dein Gesicht
Die Lippen, wie begehr' ich sie
Doch berühren, küssen darf ich sie nicht
Den Traum und dich verbindet ein Nie

Verhaßt der Schatten an deinem Finger
Verflucht die Tage mit dir verbracht
Doch Sehnsucht wächst, wird nicht geringer
Und jeder Tag wird mir zur Nacht

Willkommen süße Herzensenge
Kehrst wieder in der stillen Nacht
Hast alle Leiden, alle Dränge
Und tausend Feuer mit entfacht

Von Mondenglanz sind schon gefüllt
Des Flusses Spiegel, das ganze Tal
Und meine Herzensträne quillt
Vor träumender Lust und holder Qual

Bescheine, Freund, auch des Wanderers Schritt
Der einsam wandelt auf schmalen Grat
Dem Sehnsucht tief ins Herz einschnitt
Der Weite sucht auf zu engem Pfad

Der von Leidenschaft zerrissen, betört
Nur gegen kaltschwarze Felsen prallt
Und nur von den Sternen und dir gehört
Wenn seines Herzens Schrei verhallt

Wenn ihn das dunkle Nichts umschließt
Und über ihn Einsamkeit wacht
Und Traum sich in stille Verzweiflung ergießt
Dann trage ihn sanft auf der Welle der Nacht

Entfernung wächst mit jedem Atemzug

Und doch, so nah hab ich dich nie gefühlt

War dein Kuß Flammenglut, die mir entgegenschlug

Ist der Gedanke Sonnenflut, die alles Dunkel von mir spült

Ich meide nicht mehr kalten Mondenglanz

Und scheint die schwarzverhüllte Welt mir noch so fern

Und stürzen Sonnen ins Nichts in ihrem Todestanz

In meinem Herz leuchtet der hellste Stern

Gedanken steigen durch Nacht befreit

Ich lausche sehnsuchtsvoll der Ferne

Schweige bebend in die Dunkelheit

Sind es nicht derselbe Mond, dieselben Sterne

Derselbe Glanz, den ich in deinen Augen sah

Ein Leuchten in tiefster Finsternis

Nichts ist mir ferner, nichts so nah

Und neue stille Nacht gewiß

Oh wie braust es um des Berges Gipfel
Des Sturmes Hand wiegt kranke Bäume
Umarmt und zerteilt sich hebende Wipfel
Entzündet schauend in verlorene Träume

Und Phönix kreisend sieht in die Glut
Die an dem Berg immer höher schwillt
Die Schwingen ganz ruhig, er stürzt in die Flut
Und schweigend verschlingen die Flammen das Bild

Sacht, ganz sacht wiegen die Wellen
Den Bug umspielend den müden Kahn
Die schwarze Nacht tausend Augen erhellen
Das Wasser teilt sich, auf taucht ein Schwan

Ich steh' gelehnt ans Fenster
Seh' in der Nächte Glut
Wie enger, wie begrenzter
War doch die Sonnenflut

Verbrannt, geblendet und leer
Ging ich durch helles Licht
Mein Herz war mir so schwer
Behalten wollt' ich es nicht

Jetzt an dem stillen Fenster
Küßt mich des Windes Hauch
Vertreibt die schwarzen Gespenster
Sprengt Seelenfesseln auch

Die Blätter rascheln leise
Als wenn sie Geschichten erzählen
Und fallen nach getaner Weise
In himmelspiegelnde Seen

Wie reife Wünsche fallen
In einsamer Winternacht
Und Träume durch luftige Hallen
Schweben zu dem, der noch wacht

Sie tanzen auf jeder Welle
Den eigenen großen Tanz
Bis sie verweht von der Stelle
Die Flut sie hinabzieht ganz

Schon rauscht es wieder, lebt
Was hältst du, schöner Baum
Das nächste Blatt, es schwebt
Schick mir nun meinen Traum

Humoristisches

Das Parlament der Minotauren

Die Glocke tönt, aus ist der Traum
Getöse herrscht sogleich im Raum
Die Minotauren brüllen und schreien
Doch alles geschieht nur zum Schein
Im aufgeblasnen Wortgefecht
Kommt's Essen ja nur grade recht
Rüben, Karotten und auch Gras
Schwarz, rot, gelb, grün – der Rinderfraß
Da streiten sie, wer was wohl frißt
Was nützt ihnen die beste List
Es ist und bleibt doch, was es ist
Gekaut, verdaut und doch nur –
Ist's nun das Horn, ist's der Verstand
Weh dir, oh teures Vaterland
Ums Pult, im Staub, die Schlange kriecht
Man merkt es wohl, der Staat, er riecht
Den Apfel schiebt sie hin, jedoch
Wind' sich ein Wurm aus großem Loch
Den Minotauren ist dies gleich
Sind Halbwahrheiten doch ihr Reich
Da sitzen und regieren sie
Wie's animal'sche Borstenvieh
„Und gleich macht gleich! Doch gleicher seid!"
Das Oberrindvieh grinst und schreit

„Und laßt mir die Diäten steigen!"
In den verzückten Rinderreigen
Doch ach, oh weh, die Not ist groß
Die Staatsschuld ist ein schweres Los
Der Steuerzahler will nicht mehr
Und droht mit Mordio und Gewehr
Die Ruh ist hin, die Hörner schwer
Gesucht ein neuer Schuldiger
Der Argwohn steigt, Mißtrauen ist groß
Doch's Nest beschmutzen, würdelos
Zum Schluß wird so fein resümiert
„So hört nur her, bald existiert
Die Mark und auch der France nicht mehr.
Ein einheitliches Geld muß her!
Und einheitliche Schulden!
Wir müssen's ja nicht dulden.
Und wird das Geld dann trotzdem knapp,
Zieht's von Kultur und Bildung ab!
Die Dichter sind wohl längst im Grab,
Die Denker wandern stetig ab.
Je dümmer der Untertan doch ist,
So leichter fällt uns Trug und List.
Damit er dann ist ganz verloren,
Führt uns schnell ein die Schreibreform!
Ist Chaos und Verwirrung groß,
Sind wir zugleich die Rechten los.

Wo wird schon gern 'ne Sprach' gelehrt,
Die sich dem Geist, der Zunge sperrt?
Kein Schwarzer, kein Rechter, nun sei es drum.
Es lebe das Analphabetentum!"
Das Geld reicht dennoch nicht vorne noch hinten
Läßt sich denn keine Lösung mehr finden
Die Bäuche dick, die Hirne leer
Den Aufschwung gibt es nimmer mehr
„Niemand gewinnt die Schlacht gleich heut'."
Der Minotaur beruhigt und käut
„Doch besser wär's, wenn sich's Gesinde
Mit seiner miesen Lag' abfünde."
Der Euro fließt wie der Eurotas
Wie's schaurig-schöne, kühle Naß
Verlangsamt den Niedergang, sind doch verloren
Bald liegen auch wir vor Spartas Toren
Spartanisch die Kassen, spartanisch der Geist
Wie werden wir los das verdammte Geschmeiß
Darwin lag falsch, wir wissen's nu
Am End' der Kett' steht doch die Kuh

Wenn man nicht weiß, was man schreiben soll
Man glaubt es kaum, ist's doch verfahren
Die Seiten werden trotzdem voll
Wenn meist auch nur mit bloßem Schmarren

Vom Sturm erfaßt, von Leidenschaft
Dreht sich die Kugel kometenhaft
Ein zarter Kuß der Bande noch
Verschwindet dann im schwarzen Loch

Spaziergang

Waldgeborgenheit
Gedankenflucht
Streicheln der Blätter

Steinimschuh

Kuß des Windes
Umschlingende Düfte
Letzter Nachtgesang

Steindruckbeträchtlich

Flammender Blick in jedem Stern
Feurige Lippen in jedem Hauch
Glühende Umarmungen der Nacht

Wiewerdichdensteinnurlos

Treffen der Bücherwürmer

In dunkler Nacht, so um halb drei
Zwei Würmer in der Bücherei
Der eine dünn, der andre dick
Treffen mit Tränen in dem Blick
Ja sag, wo krochst denn du so raus?
Ganz abgemagert siehst du aus.
Ich war zu lang in Spartakus.
Herrje, wo bleibt da der Genuß?
Und du? Die ganze Form ist hin.
Ich weiß, ich war im Kochbuch drin.
So sprachen sie bis kurz vor drei
Dann trennten sich Wurm eins und zwei
Der Runde kroch in Moby Dick
Der Dünne blieb im Faust zurück
Und wenn das Licht geht aus beizeiten
Dann hört man's fressen an den Seiten

Fausts Traum

Habe nun, ach! Bücher gewälzt
Interpretiert und analysiert
Und sogar auch niederskribiert
Nach allem Jammer leg ich mich hin
Doch was muß ich sehen, mir schwindet der Sinn
Ein Schalk tobt mir durch wüsten Traum
Entrückt mich der Zeit und jeglichem Raum
Reitet an Luthers Thesen vorbei
Singt eine höllische Litanei
Und flötet ins Ohr: Du junger Freund
Hast alle Lebenslust versäumt
Ergreift sodann mein banges Herz
Taucht es in Genuß, Begierde, Schmerz
Kann nun zwar nichts Vollkommnes geben
Doch wildes Trieb- und Sinnesleben
Und überläßt mich meiner Lügen
Muß dich und mich, die Welt betrügen
Und lade auf mich Schuld und Blut
Vergessend in Orgie und Hexensud
Stecke in Nachbars Hosenleben
Und wollte nach Erkenntnis streben
Freß gierig Antike in mich rein
Gewinne Schlachten, Ländereien
Licht bleibt mir immer noch verborgen

Überläßt mich der Qual aufdringlicher Sorgen
Ein großes Werk nur zu vollbringen
Dafür versprach ich Seelenschwingen
Der irre Kreis so schließt er sich
Doch unvollendet erdrückt er mich
Grab eignes Grab mit letzter Kraft
Wände aus Sehnsucht und Leidenschaft
In Dunkelheit lieg ich nun hier
Ergebe mich dem Teufeltier
Da lauert er, spürt Seelengebein
Ergötzt sich an ewig irdischer Pein
Keine Himmelfahrt, kein mystischer Chor
Da schreck ich aus dem Schlaf empor
Das Wort verhallt, den Sinn gab es nie
Unfaßbar die Kraft, niemand hält sie
Nichts ist die Tat, alles der Traum
Tosende Wellen mit Kronen aus Schaum

Die Ecke

Die Ecke hat sehr viel gesehen
Die Sonne auf- und untergehen
Regierungen zog's dran vorbei
Generationen mehr als drei
Neu'rungen aus der Wissenschaft
Wurden von ihr gar angegafft
Doch eines ändert sich wohl nie –
Da kommt des Nachbars Hundevieh

Die Phantasie hat runde Ecken

Zum Drübergleiten und Verdecken

Und trotzdem stößt man sich daran

Ist sie zuletzt zu gut getan

Der Sinn des Lebens kann nicht allein
die Fortpflanzung sein
Des Lebens Sinn
ist, man lebt so hin
Doch manchmal geht das Leben
einfach auch daneben

Weitere Bücher

Weitze, Almut. *Tierische Diplomatie und weiteres missGeschick*. Norderstedt: BoD, 2017.

Weitze, Almut. *Tierische Begegnungen und andere Zusammenstöße*. Norderstedt: BoD, 2016.

Weitze, Almut. *Eine kleine Schwäche*. Norderstedt: BoD, 2015.

Weitze, Almut. *Wie der Osterhase Weihnachten durcheinanderbrachte*. Norderstedt: BoD, 2015.

Weitze, Almut. *Zirp und Rollewanst*. Norderstedt: BoD, 2015.

Weitze, Almut. *Kläffkonzert und Lyrikgewinsel*. Norderstedt: BoD, 2015.

Weitze, Almut. *Limericks - sonst nix*. Norderstedt: BoD, 2015.

Weitze, Almut. *GemeinGEFÄHRLICHe Tiergedichte*. Norderstedt: BoD, 2014.

Weitze, Almut. *Traum und Schein im Netz der Nacht*. Tönning [et al.]: Der Andere Verlag, 2010.